AF340221

APERÇU

SUR

LA QUESTION D'HAÏTI.

APERÇU

LA QUESTION D'HAÏTI.

En mettant de côté les prétentions qu'ont les anciens colons de Saint-Domingue de rendre le gouvernement français complètement responsable des engagemens imposés à la république d'Haïti, pour les indemniser des biens dont l'ordonnance royale du 17 avril 1825 et la loi du 30 avril 1826 les ont dépossédés, sans compensation préalable, la question principale qui doit occuper aujourd'hui (si décidément on veut en finir avec les Haïtiens), c'est de savoir, aussi approximativement que possible, quelles sont les ressources de ce peuple, ce qu'il peut payer, non pas pour acquérir son émancipation, car elle est effectuée, c'est un acte consommé; mais pour racheter les propriétés dont son gouvernement s'est emparé, et tenir lieu de la valeur du sol cultivé et bâti, dont les anciens possesseurs ont été expropriés par la violence, et dont les lois du pays ont consacré, depuis, la spoliation.

L'ordonnance précitée, de 1825, imposa aux Haïtiens l'obligation de payer 150 millions, en cinq termes égaux, d'année en année, soit 30 millions par an. On sait que l'acquittement du premier terme a eu lieu au moyen d'un emprunt qui a produit 24 millions, et de 5 millions 300,000 francs seulement, versés en espèces; les autres termes sont encore dus.

L'ordonnance en question fut enregistrée avec la solennité d'usage en pareille circonstance, par la république d'Haïti, qui accepta, nous dit-on, avec reconnaissance, l'émancipation conditionnelle dont elle était l'objet.

Cependant, si on en croit les Haïtiens et ceux qui ont écrit sur leur position financière, le chiffre de 150 millions excédait de 50 millions la somme qu'ils s'attendaient à payer, d'après les négociations qui avaient précédé l'ordonnance de 1825, laquelle aurait été accueillie néanmoins par le désir de sortir de la fausse position dans laquelle ils se trouvaient, et l'espérance qui leur aurait été laissée de faire modifier le chiffre ci-dessus de 150 millions.

En attendant, et quelle que fût la réduction qu'ils espéraient obtenir, ils eurent recours, ainsi qu'on vient de le dire, à la voie d'un emprunt pour acquitter le premier terme ; soit que leurs finances ne leur permissent pas d'en agir autrement, soit que ce fût l'effet d'un calcul politique ; toujours est-il qu'ils n'ont versé, effectivement en espèces, que moins de 6 millions, et voilà cependant douze ans que l'émancipation est prononcée.

Il a été avancé que les Haïtiens ne s'attendaient à ne payer que 100 millions ; que cette somme était le *maximum* de ce qu'ils pouvaient payer, en raison de leurs ressources, et qu'au-delà il y aurait impossibilité et banqueroute nécessaire.

D'accord avec ces principes, dès la 2me année, ils ont suspendu l'exécution de leurs engagemens, et dans les négociations entamées plus tard pour arriver à faire modifier les obligations qui leur avaient été imposées, on les voit, en 1828, demander à trancher la difficulté, en proposant au gouvernement français de se contenter de trente-cinq annuités de 6 millions 500,000 fr. chacune; soit 4 millions 500 mille francs pour l'intérêt à 3 p. 100 de la somme de 150 millions dont le gouvernement d'Haïti se reconnaissait débiteur, tant envers les colons qu'envers les prêteurs, et 2 millions pour l'amortissement.

Si on veut se reporter aux conventions de 6 p. 80, soit 7 3/4 p. 100, auquel avait été adjugé l'emprunt, en 1826, et comparer ce taux avec les 3 p. 100 d'intérêts offerts, en 1828, on trouvera qu'en capitaux productifs des mêmes intérêts, ce n'était plus offrir que 82 millions environ, somme bien au-dessous de 100 millions que les Haïtiens comptaient et reconnaissaient pouvoir payer, lorsqu'ils acceptaient et reconnaissaient l'ordonnance de 1825; ainsi, il était tout-à-fait rationnel qu'en 1828 Haïti pût payer et consentît à payer 6 millions 500,000 francs pendant 35 ans.

S'il s'est écoulé plus de douze ans, depuis l'ordonnance, et qu'on n'ait payé que 5 millions 500,000 francs aux colons, d'une part, et une somme bien moins forte aux prêteurs (ce qui est positif), ce ne sera pas compter de clerc à maître, avec les Haïtiens, que d'admettre qu'ils doivent avoir par devers eux la valeur de dix annuités offertes et non payées. Ce qui fait 65 millions.

Mais sur ces 65 millions, il faut retrancher les 2 millions par an destinés à l'amortissement, ce qui, sur dix années, fait 20 millions; reste donc 45 millions d'intérêts que les colons et les prêteurs auraient dû toucher jusqu'à ce jour, en ne comptant ces intérêts qu'à raison de 3 p. 100 par an; à quoi, joignant l'intérêt des intérêts à 3 p. 100 également, on trouve environ 52 millions.

Les Haïtiens ont donc profité de 52 millions à n'avoir rien payé depuis 1827 et cela d'après les offres qu'ils faisaient à cette époque : donc ils doivent avoir par devers eux des ressources en rapport avec ce capital, indépendamment de ce qu'ils peuvent prendre sur leurs produits annuels.

Dans une notice qui vient de paraître, les revenus de la république d'Haïti sont portés, pour l'exercice 1835, à . . . 2,662,004 doll.

Et les dépenses, à . . . 2,260,746

Ce qui laisse un excédant (*)
de recette de. . . . . . 401,258 doll.

(*) Le dollar vaut 5 fr. 25 c.

On ne possède aucun moyen positif de contrôler ce résultat ; seulement on remarque avec étonnement que dans le budget des recettes, il ne figure que la somme très-modique de 48,000 dollars, comme étant le produit des biens domaniaux des impositions personnelles, de celles mobilières et financières et des recettes locatives (notez qu'il s'agit de plus de dix mille propriétés , tant rurales qu'urbaines).

Certainement il existe ici une erreur excessivement grave, ou il faudrait que les impositions personnelles et foncières fussent bien faibles , pour ne produire à elles seules qu'une somme si modique, mettant à part les fermages des propriétés sous le séquestre ; car il existait à Saint-Domingue plus de 8,000 établissemens agricoles et de 5,000 propriétés urbaines , ce qui ne porterait pas l'impôt foncier à 4 dollars par propriété, y compris le mobilier et le personnel.

Mais on sait qu'excepté un certain nombre d'habitations et maisons qui ont été données, comme récompenses nationales, aux chefs ou officiers de l'armée, le reste des domaines et maisons est demeuré la propriété de l'État

qui les afferme; on ne met donc pas en doute
que dans ce chapitre doit se dissimuler une
très-forte partie des ressources d'Haïti; et il
ne serait pas surprenant qu'elle s'élevât à plus
d'un million de dollars.

En effet, il est avéré et reconnu par les Haïtiens mêmes, qu'il se récolte, en Haïti, plus
de 50 millions de café par année; on porte
même cette évaluation aujourd'hui à 60 millions; mais en prenant le premier chiffre et
admettant que le 5ᵉ de ces produits provienne
des habitations concédées en pur don, il res-
tera 40 millions de café qui doivent être le
produit des habitations affermées: pensera-
t-on qu'il y ait exagération en supposant que
le quart seulement de ce produit représente
le prix des fermages, puisque c'est abandon-
ner aux cultivateurs et fermiers les 3/4 des
produits, pour frais de faisances, valoir et bé-
néfices? Certainement nulle part les fermages
n'ont lieu sur ce pied.

Or, en se basant sur ces données, 10 millions de café provenant de prix de ferme, à
40 centimes la livre seulement, donnent qua-
tre millions de francs; et il reste encore le
produit de cinq mille propriétés urbaines,

des sucreries, des fours à chaux, guildiens,
etc., etc.

D'un autre côté, en examinant le budget
des dépenses, nous voyons que celles qui se
rattachent à la solde et à l'équipement, ou
entretien de l'armée, s'élèvent à plus de
2 millions de dollars, soit 10 millions de
francs. Certainement, avec une semblable
somme, on devrait entretenir sur pied, à
Haïti, dix-huit à vingt mille hommes, parce
que, excepté la solde des officiers, le reste
de l'entretien est infiniment moins coûteux
qu'en France. Or, si les cadres militaires élèvent l'armée de la république aux chiffres
ci-dessus, de 18 à 20 mille, il est positif qu'il
n'y a jamais sous les drapaux plus de 12 à
15 mille hommes, le reste étant en congé, ou
absent par permission, et sans solde. Il y a
donc sur cet article de 2 millions de dollars,
une réduction assez forte à faire, et qui, certainement, pourrait être portée à moitié de
cette somme, dès que le gouvernement du
pays n'aurait plus à craindre à notre égard
les suites de l'inexécution de ses engagemens.

Ainsi, il n'est pas douteux que lorsque le
président Boyer a offert, en 1827, de payer

6 millions 500 mille francs par an, pendant 25 ans, cette charge annuelle n'était pas au-dessus des ressources du pays. Notez que la république possède en réserve la majeure partie de l'ancien trésor de Christophe, qu'on évaluait de 18 à 20 millions, et que les Haïtiens avouent être encore maintenant de 10 à 12 millions; et aujourd'hui, après avoir été dix ans sans débourser un sol, après avoir évité par ce fait le paiement de 52 millions, comme nous l'avons dit d'autre part, on proposerait de réduire la dette à 81 millions seulement, payable en rentes de 3 p. 0/0, avec un pour cent d'amortissement, ce qui fait 42 annuités environ, de 3 millions 300 mille francs chacune (à peu près la moitié de ce qu'on offrait en 1829). Ceci peut être proposé; mais, en vérité, la chose n'est pas acceptable.

Et puis, ne serait-ce pas une partialité que de faire arriver les prêteurs, pour la somme intégrale, *nominale* de ce qui leur est dû, tandis que, d'une part, ils n'ont déboursé que 80 p. 0/0; et que, d'un autre côté, on réduirait le capital dû aux colons de 50 p. 0/0? Et cependant, on a commencé par dire, dans la notice en question, qu'en examinant cette affaire sous son véritable point de vue, on doit la regarder comme une déconfiture dont il faut se retirer le moins mal possible! Qu'on cherche à s'en retirer avec le moins de désavantage, soit; mais chacun des perdans devant avoir le même désir, doit exiger pour première condition, que personne ne soit favorisé au détriment des autres. D'après ce principe tout équitable, quelle que soit la manière dont on traitera, dès que le capital nominal dû aux prêteurs ne forme que le 5e de la dette des Haïtiens, puisque, sur 150 millions, les prêteurs n'en ont que 30 à réclamer, ceux-ci ne doivent jamais arriver que pour un 5e dans les dividendes qu'on pourra obtenir : défalcation faite encore de la portion de l'emprunt qu'Haïti a retiré.

Après avoir démontré que les Haïtiens peuvent payer, pendant 35 ans, les 6 millions 500 mille francs qu'ils ont offerts en 1829 (4 ans après l'ordonnance d'émancipation), il serait convenable de voir si, au moyen d'un traité de commerce et de certaines conditions qui, tout en favorisant nos relations avec eux, pourraient faciliter l'écoulement des denrées qui font leurs principales ressources, il ne serait pas possible de leur procurer des avantages qui aideraient leur libération. Mais ceci demande un examen approfondi ; et on se permettra seulement de jeter quelques idées sur les bases qui pourraient être adoptées.

Par exemple, ne pourrait-on pas, pour faciliter l'exécution et peut-être la réception, en Haïti, de la nouvelle ordonnance que le gouvernement français devra rendre pour modifier celle de 1825, accorder sur les cafés provenant du pays et transportés en France, soit par bâtimens français, soit par bâtimens haïtiens, une remise de droits qui laissât cependant encore un avantage aux produits de nos colonies ? Ne pourrait-on pas s'engager aussi à recevoir chaque année, en paiement, certaines quantités de tabacs au prix que le gouvernement paie ceux de la Havane et des États de l'union ?

D'un autre côté et en échange de ces concessions, on pourrait exiger de n'être assujéti qu'au demi-droit sur les marchandises de nos fabriques et les denrées de notre crû qui seraient introduites à Haïti par nos navires.

On ne doit pas se dissimuler que ce ne peut être qu'au moyen des stipulations qu'établirait un traité de ce genre qu'on arrivera à la conclusion de cette malheureuse affaire dans laquelle il faut nécessairement que les sacrifices soient partagés; car, tout en obtenant que notre commerce soit favorisé sur ceux des autres nations, il ne faut peut-être pas s'attendre que les avantages que nous pourrons obtenir soient balancés numériquement par le montant de la remise qui serait accordée sur les droits d'importation des cafés provenant d'Haïti; mais cette balance ne fût-elle pas en notre faveur, qu'il ne faudrait pas s'arrêter à cette considération, pour ne pas en finir et manquer de terminer avec des formes qui du moins seront honorables.

Ainsi, en se résumant, la république d'Haïti peut payer ce qu'elle doit, au moyen d'une rente de 3 p. 100 et 1 p. 100 d'amortissement.

En se libérant de cette manière, c'est comme si elle ne donnait que 81 millions, valeur de son emprunt de 1826, et ayant resté dix ans sans rien débourser, elle se trouve avoir bénéficié de 52 millions par le seul fait des intérêts retenus, calculés à 3 p. 100 seulement, et qu'on ne lui réclame pas.

Quel résultat pour les colons! Mais enfin
après tant de désastres, l'inscription au trésor de cette créance, ainsi réduite, leur
assurerait du moins un lambeau de cette
indemnité déjà si minime et sans qu'il eût au-
cune chance fâcheuse pour le fisc, car avec la
conviction qu'Haïti peut satisfaire à ses engagemens, le gouvernement n'a qu'à vouloir, et
les Haïtiens paieront.

Imprimerie de Moreau et Bruneau, rue Montmartre, n° 39.

www.ingramcontent.com/pod-product-compliance
Lightning Source LLC
LaVergne TN
LVHW050350030726
842520LV00005B/2031